Adam von Bodenstein

Schreiben Preparationum,

Adam von Bodenstein

Schreiben Preparationum,

ISBN/EAN: 9783743499065

Hergestellt in Europa, USA, Kanada, Australien, Japan

Cover: Foto ©ninafisch / pixelio.de

Manufactured and distributed by brebook publishing software
(www.brebook.com)

Adam von Bodenstein

Schreiben Preparationum,

☙ Theophrasti

Paracelsi schreiben Pre-
parationum / oder von zuberei-
tung etlicher dingen notwen-
dig/nutzbar vnd lustig zu
wüssen den Me-
dicis.

In truck jetzund nettwlich geben /
durch Doctor Adam von
Bodenstein.

✴ αὐίχο ναα ἀπίχο. ✴

Dem Ehrnhafften vnnd

fürnemen herrn Hans Aur=
spach von Eidlitz/meinem
güten freünd.

Jeweyl deß Ehrnuestē hoch
gelehrten herrn Theophra=
sti Paracelsi / meines pre=
ceptoris (dem Gott ein erklärte
aufferstehuug geben wölle) ge=
brauch bey leben gewesen / nimer
müssig zů sein/sonders in peregri=
nationem/essens/trinckens vnnd
schlaffens zeyt/also zůsagend/al=
weg die Göttlichen gaaben/ seinē
gebildtnuß dem menschen verrer=
lichen /vnnd die selbigen mitt der
handarbeit vom angehenckten zů
scheiden/ja in den höchsten seinen
gradum nutzlich zůbringen / mit=
geteilt vnd Befolhen / ernstlich zů
erwegen/ vnd wie sollichs die zeyt
geben durch die fäder verzeychnē
)(ij   lassen.

laſſen. Vats ſich zů getragen / daß
es ye lenger ye ſcherpffer geübt wor
den / geſchriben / vnnd durch erfa
rung alles höher gebracht / als im
mer müglich geweſen: Derhalben
vil Bücher dictiert oder profitiert /
dz etwā eins auff ein mal / andere
zeyt aber eins gefaſſet wordē. Auch
etwan von einer materi / drey oder
vier mal geredt / alles zů erbeſſe
rung vnnd erbauwung der kunſt /
iſt zů gleychem faal miet den Prepa
rationibus ergangē / die er in vier
Bücher geördnet / deſſen Erſtes /
von den gewächſen ſo ihr concep
tion im Element deß waſſers ge
nommen. Ander / ſo auß matri
ce terre entſprungen. Drittes /
was võ lufft / Viertes / was auß dē
Elem ent feür / als firmament mit
allen ſternen ſein härkommens
vnnd gebärung gehabt / So hab
ich vnder diſen vieren / etwas jarē
was ich hiemit außgehen laß / bey
handen gehabt / vnnd innen be
halten /

halten/der vrſachen/daß ich gůter
zůuerſicht es wurde yemants her⸗
für Brechen / ſo nicht nur was ich
het/ermehzete/ herfür ſenden tåt/
ſonder auch leßlichere geſchzifften
oder exemplaria gehabt haben/
damit deßgleychen / oder alle vier
Bůcher verſtentlicher an tag kom⸗
men wurden. Dieweyl dann nun
nach yetziger zeyt ſollichs vermit⸗
ten Bliben/vnnd jhz mich ſonder⸗
lichen vnnd mehzmalen angeſpro
chen vnnd gebetten/ diß Bůch Pze
parationum/ eůch vnnd anderen
kunſtliebhabenden / vnnd getrü⸗
wen arbeiterē/zů gůtem/nicht len
ger zůenthalten: Auch die zeyt wie
jhz bey mir geweſen/ ich befunden
daß eůwer ernſt vñ fleyß in Theo⸗
phzaſtiſchen geſchzifften nicht ver
gebenlich angewendet wozdē: dar
bey deß hochgelehzten herrn Tho⸗
me Sonneti Pontenſis Commen
datoziam an mich außgangen eů⸗
wert halben in Bedenckung gefaſ⸗

)(iij   ſet/

fet/hab ich nicht lenger verziehen
gewölt/ vñ grad nicht nur gewill=
faret / das Exemplar/ wie es an
mich gereichet / herfür zů geben/
Sonders / vnnd sonderbarlich
eüch zů ehren / daſſelbig auß La=
teiniſcher ſprach in Theüdtſche
verwandlet / vnnd nicht die ge=
ringſte handtgriff vnderwiſen /
Gott hab das ſeinem nammen zů
preyß / allenn kranckenn zů wol=
ſtandt/eüch / der ohne deß / mitt
eyfer / dergleychen künſt liebet
vnnd übet / zů wunn vnnd freü=
de reichen thůe. Die Bücher vom
langen leben Theütſch / ſampt
dem gebeth/ſo ich bey ſeinem Ga=
balüſchen geſchrifften bekom=
men / vnnd ihr gſehenn (dar=
durch Paracelſus vom Herrenn
Gott wie ich zweyfels ohn bin /
alle gaaben erlanget) kan ich diß=
malen nicht herfür gebenn / vrſa=
chen halben / ſo angezeigt / ye=
doch mitt der zeyt/wo nicht ſat=
tere

an den Leſer.
tere Interpꝛetation herfür will/
möchte etwas Beſchehen / Vale.
Datum Baſel / den ſechsze-
henden Nouembris

1 5 6 8.

Adam von Bodenſtein
Doctoꝛ.

DOCTOR ADAM
zuo dem Leſer.

GEmeinlich Geſchicht / wann
auff deütſcher zungen etwas
in medicina in druk geben /
das klagt wirdt / die latiniſche wör
ter ſeind / dem gmeinen gelertenn
ihrſam vnnd vnuerſtendig / da-
mit dann diß buch nicht auch alſo
in verdacht / der latiniſchen wörter
halben / oder anderen ſachen / ſo
auch dem Latiniſſimis verporgen
behalten ſei / hab ich ein außlegüg
ſynonymorum / deren / die in diſen
Tractaten meldung haben hirzü-
gedrukt / vnd iſt gleichwol war /
das einer auß denen ſo wol gſtu-
dirt / der latiniſchen ſprach erfaren /
zü mir gſchriben / Theophraſtus
verdunkel ſeine ſchreiben / es ſeind
enigmata opus ſphingis eſſe / ders
verſthē ſelt. So laß ichs berüwen /
dann

Dañ es ſeind eben derſelbigen leüt/
welche Paracelſus inn ſeinē leben
mitt zůnammen genant/ als ſeine
widrigen / etc. Was hie nicht ver-
dolmetſt / iſt eintweders / ſo gar
gmein/das bei allenn herbarijs zů
finden iſt/oder aber es můs durch
die handtarbeit erfaren werden/
derwegen gůthertziger ſůch doſel-
beſt/ vnnd daß überig/als deß erſt
vnd hóchſt / lern im erſten bůch da
dich labyrinthus medicorum hi-
neweiſſet / vnd diuinus vates/die
forcht Gottes ſei ein anfang der
weißheit / darnach denn mangel
deins gebzechens / der inn deinem
vnuerſtandt ligt / lern bei denem
ſo ihne gebeſſeren kóndten / doch
vmb beſoldung nach deinem ver-
mógen. Damit der ihenig ſo dir vor
gefochten mit ſeiner můe vñ coſten
vergebenlich außgeben / vnd mit-
lerzeit nicht nur ſein gwonnliche
übung deinetwegē verſume /ſond
auch vndanckbarkeit vnd ein bóſ-

)(v   reden-

redende zung/weil dichs so wenig
gstanden / auch schier zůsagen/ o=
hne arbeit ankomen / yder arbeit=
ter ist derselbigen Belhonung wür=
dig. Vale.

Preparatio / ist ein zůberaittung
deffen so du vnderhanden hast/
sein kraft an dz liecht zůbringē.

Tartarus/ist weinstein.

Crudus / ist wie der von sich selbs
gwachsen durch sein scheidung.

Calcinatus / ist was durchs feür
gleich einem kalch verwandelt.

Ana ist gleich vil.

Stratificare / oder stratum super
stratum facere/ist ein leg einer
materi über die ander legen.

Mucilago/ist der schleimig saft so
durch stossen vnd außdrucken o=
der außbressen võ kreüttern vnd
wurtzen gebracht wird.

Misce/ist vermengen die materiē
durch ein andern.

Vncia/ist zwei lot vnd wirde mitt
solchem caracter bedeüttet ʒ.

Drach=

Drachma/iſt ein quint/wird ſo Be
dútt ʒ.

Scrupulus / iſt zwentzig gerſten
korn ſchwer / deren thůt ſechzig
ein quint/wird durch ſolches zei
chen Bedeüt ꝫ.

ß/iſt ein halber theil/deſſen darbei
es gſchriben ſtheet.

Vlcus/iſt ein offner ſchad.

Apoſtema/iſt ein geſchwár.

Vulnus/ iſt ein zerſtórůg gantzer
haudt / fleiſchs oder Baines /
welchs durch vil weg Beſchehen
kann/als durch hawen/ſtechen/
ſchieſſen/ ſchlagen/ fallen/ ſtoſ=
ſen/etc.

Colchotar/iſt geróſtet vitriol.

Bolus / iſt wann die materi zů ei=
nem teig gmacht wirdt / od lat=
wergen.

Macula oculorum / iſt ein über=
zug oder fál über die augen ge=
wachſen.

Collirium/iſt ein dings augen ſels
blin.

Albus

Albugo/ist der augen Nagel.

Sal anathron/ist glasgall.

Lutum lephanteum/ist leim oder
  bleiche erden darauß schrepff=
  hörneli gmachet werden.

Tentigo praua/ist Sirei/ gefreß/
  ferrugo.

Lupus/ herpes morday / vlcus e=
  stiomenum/ist der wolff.

Alopicia/ist der erbgründt.

Alcola/ist der moder vom fleisch.

Alcool/ist wann ein materi in das
  reinist verwandelt wird.

Alcool vini exiccati/ist so 8 brād=
  wein dermassen scharpff gebrād
  worden/das wan du ein bowm=
  wol darinn dünckst / dann an=
  zündest / das sich verbrenn der
  wein ohne verserung der bowm
  wol ohne hinderlassung einiger
  feüchte.

Struma /ist ein kropff.

Hemorroides/ist ein blůtfluß.

Cancrena/ist der beinfresser/ sant
  Johans bůs/oder auch sant Vi
             tis

tis Biis genant.

Jgnis Perſicus / iſt der brandt/
das wildfeür/ oder ſant Antoni
feür genant.

Flaya iſt ein ſchifer von holtz oder
Bein ſegſpän vnnd dergleichen.

Gemma/iſt ein yeglicher ſtein/der
virtutes in medicina hatt.

Digeſtio/iſt ein zeittigung.

Oreyis/iſt der ſod.

Tonitruum / iſt das tumpeln im
Bauch.

Jncantatus/iſt ſo einer verheyet.

Obſeſſus / iſt wan einer vnſinnig.

Timidus/iſt ſcheüch.

Melancolicus/iſt wann ſich einer
beredt er ſei weis vnnd witzig/
vnnd iſt aber dennoch ein narr.

Reſina / iſt der ſaft deß Bowms/
als bülhartz.

Terpentina/iſt das außfleiſſet.

Yrcus / iſt ein caſtrirts oder ver
ſchnittens börli von cuniculis/
das pflegent die ſpargyri auffer
ziehe mit herbis diaphoreticis.

Gutta/

Gutta ist der dropff/der schlag.

Siphita stricta/ist wann einer im
schlaff gehet.

Siphita praua/ist sant Vits dãtz.

Incorporare/ist ein ding mitt ei-
ner feüchte anmachen als ein
müs.

Stipticum / ist das da andoret/
als fisteln vnnd kreps/etc.

Constrictiuum / ist das da stellet
als inn blütflussen / disenteria/
etc.

Epiccatiuum/ist das denfluß ein-
dröknet flegma.

℞ Cere novæ
piris albi
terpentinæ . ℥ij.
:olei Rosa : ℥j.
Magnesiæ
albani
draganthi dissolutæ
an. ℈ß. fiat ...
plastrum secundum
Artem

PRIMI TRACTA=
TVS PRIMVS LIBER, TRA-
&ctans præparationes mineralium, vtpote

DE ANTIMONIO.
*Præparato contra Morpheam, Lepram, Elephantiasin , Vulnera &
Ulcera.*

Nallen speciebus deß
auſſaßes kan nußlich
gebraucht werden an
timonium mitt seiner
addition also bereitet/
wie volget: ja ſo fern / wann der
ſtimmen heiſerheyt noch nicht da
iſt/ dann wo ſólche raucedo algereit vorhanden/ iſt es wenig nuß.

PRAEPARATIO.

℞ Antimonij ℔ ſ. Acet ſo zum
ſcherpffiſten deſtilirt ℔ iiij. tartari
albi et crudi fierling. ij.alles zum

A   beſten

Beſſen ins reiniſt verwandlet/in ei
nerviolen zů digerirē gſetzt oð hin
geſtelt/alз ðann ðurch ðen Retor
ten getriben ðas rot oleum.

Additio.

Deſſen nim ʒ j. olei ex fecibus vi
ni ʒ j. olei amigdalarū amararum
ʒ viiij. commiſce. ðamit ſalb in ðer
wunden ein mal oder зwei. Vnnd
merct / ðaß ðu ðich nicht verwun
deren thůiſt/ðaß etwann ein ſim
ples in vil weis vnnd maß prepa
rirt werde: ðann alſo gefalts ðer
natur/ðaß in ſunderbaren kranck
heiten, ſonderbare preparationes
vū adminiſtrationes/nach ðer pro
prietet morborum beſchehind/wie
ſolches ðз exempel mitt Antimonio
auſweiſet: als anderſt in wundē/
anderſt in offnen ſchäden/ aber le
pram vnnd elephantiaſim berů
rent/ iſts ein weg / als arbor mor
borum in ſeinen ſpeciebus bewei
ſet.

PRAEPARATIO IN MORPHAEA.

℞ Antimonij rein geriben ℔ ß.
tartari calcinati / aluminis ana/
stratificirs in einem tigel oder tis
pffe / stells in vierten gradum deß
feürs zu reuerberiren.

Additio.

℞ sein ʒ j. tragacanthi/arat tei/
mucilaginis cõsolide regalis/ mu
cilaginis seminum psillij/ ana ʒ ij.
mach ein liniment / damit über=
streich morpheam (vnnd auch alo
peciam)in der wuchen zwei maal/
doch daß in der warmen gestell be=
schech / so werden rinden wachsen
die widerumb abfallen/vnd so sye
abgfallen seind/ heil zu mit disem
vnguento. ℞.sperniole / campho=
re/ana ʒ j.ß.olei de cerussa ʒ iu. da=
mit salb acht tag nach hinfallen d
rinden.

IN VVLNERIBVS.

℞ Antimonij / tartari calcinati
ana ℔ ß.alcoolis vini kist j. misce/

A ij das

das diſtilir ſo lang durch den alem
bicum/biß ſich gar auffglöſet/deſ
ſen ℞.ʒ j.alcoolis vini ʒ ß.laß ſanf-
tigklich eindrocknen/dann verſich
daß ſich auff dem marmer od glas
tafeln zů einē oleo flöße. Iſt kaum
zů den wunden gröſſere cura/dañ
die auß dem antimonio beſchicht/
außgenommen was hauptwundē
ſeind/ aber in alweg ſols alſo pre-
parirt vnd über ſich diſtillirt wer
den/biß ſich auch zů vnderiſt wáſ
ſerig erzeigt.

Additio.

Deß olei nim̄ ʒ vij/ſucci tartari
crudi / olei myrtillorum ana ʒ v.
fiat mixtura. So diß zů zweyen ta
gen ein mal wird inn die wunden
geſtrichen/biſtu der zůfel geſiche-
ret.

IN VLCERIBVS.

℞ antimonij/colchotaris/florū
eris/ana quantum vis/fac ſtratū
ſuper ſtratum/ dann reuerberirs/
ſo

ſo das Beſchehen/zeüch ſein animā
mitt rotem wein darvon / darauß
mach ein alcali/welches vermiſch
mitt Baumöli zů einem liniment/
damit Beſtreich die pörter der ſchä
den.

Additio.

Deſſen ℞ ℥ iij.olei colchotarini ʒ
ß.olei lentiſcini vij lot/fac vnguē⸗
tū/ damit Beſtreich die pörter/ etc.

SEQVITUR PRAE-
paratio lithargiri.

IN CANCRVM.

℞ lithargiri triti ℔ ß.aque ſalis/
aluminis aña ℔ j. aceti albi ℔ iiij.
laß mit einandern gemechlich ein⸗
ſieden/dann gieß darüber Brunn⸗
waſſers/laß in der werme maturi⸗
ren etwan pij.ſtunden/dañ machs
eindrocknen/ſo iſts auch ad fiſtu⸗
las Bereit.

Additio.

℞.deſſen ʒ ij.ſucci marrubij/per
ſicarie aña ʒ j. olei ex vitellis ouo
A iij rum

rum quantum satis est ad forman
dum vnguentum.

IN AESTIOMENIS.

℞ lithargiri ℔ j. tartari calcinati
℔ ß/ aque fontis so vil du wilt / sa
lis comunis fusi / aluminis de ro
cho ana ʒ vj. reuerberir die species
im vierte gradu / als dañ extrahir
tur dem wasser sein alcali. Dessen
tium ʒ ß. pulueris Chelidonie / gal
larum ana ʒ ij. fiat puluis.

IN VVLNERIBVS SANANDIS.

℞ lithargiri aceto quater albifi
cati ℔ ß. succi partenious / cosoli
de minoris / aristolochie rotūde a
na. misce cū mucilagine lubricata.

Additio.

℞ huius lithargiri ʒ iiij. olei de
cāphora Ә j. croci martis Ә iiij. fiat
linimentū / solt hiemit die vulnera
alle tag einmal salben / ja auff das
aller meist zwey malen.

IN TENTIGINE PRAVA.

℞ lithargiri abluti ℔ j. alūinis ro
chi ℔ j. ß. wol zerribe vñ vermischt /
laß

laß im gwaltigeste feür vier stund
reuerbertē/ als dañ extrahir sein
alcali mit Brunwasser/mit dē reſt
magiſt procedirē wie an fechlich.

PRAEPARATIO MARCA-
ſitæ.

ZVO RESTRINGIRN SAN-
guinem.

℞ marcaſite rein zerſtoſſen ʒ ij.
olei lini ʒ vij. vermiſch vnd zünde
ane/ſo bleibt vera natura.

Additio.

℞ eius marcaſite ʒ j. corallorũ rn
beorum ʒ ß. ſeminis plātaginis ʒ ß.
mach darauß gar ein ſubtil puluer:
dz magiſt für ſich ſelbs in die wūdē
ſäyen/ od mit roſeſſig mengen vñ
vnden an die wundē bindē / ſtellet
dz blůt. So aber iemāts blůt ſpeii
wer wegē falles /ſol es trincken.

PRAEPARATIO IN HAEMOR-
rhoidas.

℞ marcaſite ʒ j. ß. alcoolis vini
Optime extccati ℔ j. miſceantur.

𝔄 iiij   Ad-

Additio.

Huius ℞.ʒ iij.salis gēme/mum-
mie aña ʒ j.mach hieraus ein sub-
til puluer/sähe auff die hemorrhoi-
des ch sye geschwollen seind.

IN MENSTRVIS ABVNDANTIB.

Sonim den marcasit/ aller din-
gē bereitet/ wie in restrictione san-
guinis vermeldet /ʒ ß. thü darzü
sandarace so vil daß ein vnguen-
cum gebe/ vnd so das menstruum
zü vil gehet/bestreich darmit vm-
bilicum ein mal oder drey.

KAKIMIAE PRAEPARATIO.

IN DYSENTERIAM.

℞ Kakimie bene trite ʒ vj.ferru-
ginis ferri ʒ ß.calcinirt inn ande-
ren gradum ignis sibē stund/dañ
brings ins alcali/deß nim ʒ ß. vnd
so vil einer gebratnen tauben als
du wilt/etc.

DIARRHOEAM.

℞ kakimie preparate ut supra/
olei nucis muscate ein wenig deß
zü

zů incorporiren / reduciers in an＝
deren grad ignis in formam Boli.

Additio.

Deſſen ℞ ʒ j. Theriace ʒ iij. machs
zů einem teig / iſt ſein gwicht einzů＝
nemen von einem quintlin biß in
ʒrithalbs / morgens / mittags vnd
obends / ʒann in ʒreien tage nicht
mehr / vnd über ʒrei tag wider ʒrei
mal / vnd alſo zů dem ʒritten mal
repetiert.

Lyenteriam.

℞ Rakimie preparate vt ſupra /
gummi arabici ʒiſſoluti in aqua
plantaginis / reduciers in ande＝
ren grad / formiers zů einem Bolo
oder teigle.

Additio.

℞ Rakimie ſic preparate ʒ j. cro
ci martis ʒ ij. corallorum rubcorū
ʒ ß. theriace ſo vil ſein genůg iſt
einen teig zůmachen. Daß gwicht
einzůnemmen iſt von j. lot biß zů
ʒrei oder vier quinſet / morgens

A v vnd

vnnd abends / sol mann alle tag
geben.

TVTIAE PRAEPARATIO.

AD OCVLORVM MACVLAS.

℞ Tutie ʒj. Vitrioli albi / succi
eophragie / mach darauß mit ara
bico gumi ein bolum / suds iñ au
beren gradu zů einem linimeñt.

Additio.

℞ huius preparate ʒ ß. visci ta
narum ʒ ij. olei laterini Э ß. darauß
werde ein collirium / wann schon
die fäl gäl werden vnd glitzen / so
kommeñt sie wider.

AD OCVLORVM ALBVGINEM.

℞ Tutiam glüe inc wol / lesch i
ne ab inn milch / dann lege ine inn
rosen wasser über nacht / als dann
des wassers auff albuginem bun
den / nimpts hinweg.

Additio.

℞ huins Tutie ʒj. vitrioli albi ʒ
ij. camphore orice Э j.ß. vermeng
mit

mit rosen oder fenchel wasser. Di-
ser morbus kan allen thieren / so
füs habend / begegnen. Aber den
menschen sols mit camphora ge-
brauche werden / damit kein infla-
tio oder zůfal der hitz folge.

IN STRVMA.

℞ Tutie ℥ iiij. salis fusi / calcis vi
ue ana ℥ vj. stratifica / thüns inn
vierten grad deß feürs / zeüch dañ
darauß sein alcali.

Additio.

℞ huius ℥ j. salis anatri siue fel-
lis / salis fusi ana ℥ j. vrine destilla-
te ℥ vv. fiat mixtura. Sein proceß
ist / das mā den sattkrepffe deß zů
trincke gebe / morgēs vnd abēds /
auff drei oder vier wochen. Die me
dicin widersthet kein krepffen /
one der Grawen pündtner krepff.

PRAEPARATIO TALCIS.

IN VVLNERIBVS ET VL-
ceribus.

℞ ℔ j. Talcis / cineris fabarum /
auene /

auene ana.reduciers 24. stund im
viertē grad deß feürs/ waschs wol
vnd drokne es/ diß talc drōknet dē
Boden reinlich aus / vnd reiniget
das kein fistul mag werden.

Additio.

℞ huius talcis ℥ j. liquoris mum
mie/ terpentine lote ana so vil das
du ein vnguentum machen kanst/
hailet die Bodenlose fressende auch
andere fliessende vlcera.

CALAMINARIS PRAEPA-
ratio.

Es seiend gleich wunden oder
scheden/ so mag der calaminaris
wol geaddiert werden / in allen
emplastris dadurch man wil in-
carniern: auch so ist calaminaris
ein hoch experiment zů den roten
augen / in welchen weder widerfel
nach nagel gewachssen.

ZVO DEN EMPLASTRIS.

℞ calaminaris abluti/das er lau
ter sei ℥ j. colchotaris/ sulphuris vi
ui ana

vi ana ʒ j.ß/mach ein geleg auff die
andern/dan reuerberiers in viertē
grad 24.ſtūd/vnd ſchwembs noch
ein mal.

Additio.

℞ Deß calaminaris ʒ v.vnguenti
Agrippini ʒ iiij. vnguenti florum
eris ʒ ß. fiat mixtura / iſt herzlich
gūt zū ſchaden/auch Beiſchedē vnd
ſonſt rauden.

AD RVBEDINEM OCVLORVM.

℞ calaminaris huius preparati
ʒ j. aceti diſtillati ʒ vj. fiat extra-
ctio/dann exicciers.

Additio.

℞ Deß calaminaris ʒ j. aquarum
feniculi/ roſarum euphragie ana
ʒ iij. darauß mach ein augē ſelblin.

AD IGNEM PERSICVM.

Nim calaminaris crudi ℔ ß.a-
que Tenupharis ʒ vj.aluminis plu
moſi ʒ ß. reduciers zū digeriern in
roßmiſt ein tag acht / vnnd dann
diſtilliers/vnd diß iſt Geberi be-
ſchrei-

schreibung/ in welcher Beschreibũg
Petrus de Argilla sich irret.

Additio.

Nim diß calaminaris ℥ vj. aque
vitrioli/gallarum aque/ etc.

TRACTATVS SE-
CVNDVS SEQVITVR.

*IN SANGVINOLENTIS
vlceribus, hæmatitis præparatio.*

℞ Hematitis / luti lephantei/
Boli armeni ana ℥ iij.mach mit gũ
mi Diaganto so zerlassen worden
im acet / ein teig od Bolum/laß in
vierten grad reuerberirn / als dan
zeüch auß sein alcali.Also ist hema
titis gůt zů den wundenn / auch
in lupo/herpera/wan das Blůt an
gehet/dañ er constringirt die ade
ren das kein Blůt mehr gehet/wañ
er darauff gesäiet wirdt.

Additio.

Additio.

Deſſen præparirten hematite ℞
ʒj.gallarum ℈ ß/Serapini ℈ j. ß.o
lei de ferro/de floribus malorum/
ſo vil ſein bedarff des einzůleybē
zů einē vnguento. Dann in offnen
ſtinckēden böſen ſchådē/als ſchar
pffer herpera vñ eſtiomena iſt ſon‑
derlichen gůt darbei/öl auß eyſen/
vnd liquor Mummie.

IN MENSTRVIS.

℞ hematitis ʒ iiij.maſticis diſſo‑
luti ʒ v. carabe ʒ j. ß. fiat mixtura
cum decoctione aque aluminis /
ſchweins dañ wol/vnd merck / das
diſer uberfluß der fröwlin kranck‑
heit ſol gſtelt werden / welcher ſie
bleich vnd onmechtig machet. Wā
du in decoquirſt oder anſudeſt(als
gmeldet)ſolt gmechlich thůn etwā
acht ſtund / wird die materi fein
weich/darauß mach dañ trociſcos.

Additio.

Deß hematite nim ein vnciam/
lanß

langen pfeffers/muscaten nuß yes
des ʒ ß. der eschen auß laubfroschē
gebrant vier scrupulos / mach tes
feli darauß mit fischmintz wasser.
So ist die dosis einzünemmen Э j.
vnd etwan Э ij.

PRAEPARATIO HAEMA-
titis in profluuijs non maturis.

℞ hematitis ʒ j. olei nucismusca
te/olei de granis actis/ petrolei/a
na Э iiij. mischs daruō/ gib Э j. eins
zünemen mit rosen wasser / darin
der wegerich wurtzen gekocht gwes
sen / so stellets die flüß ohn reissen
vnd schmertzē. Wers aber sach das
reissen im leib/so ist ein anzeigung
deß Steins.

Additio.

Nim hematitis/aque marrubij/
melisse ana ʒ j. vermischs. Sein dos
sis ist ʒ ß. Biß iñ ʒ j. ß.

IN DYSENTERIA.

℞ hematitis/corallorum rubeos
rum/ spodij/ ana ʒ v. seminis Tas
naceti

naceti ʒ ʋʋ.mach darauß trociſcos
mit mucilagine de viſco Botin/do=
ſis iſt ʒ ß. Es mag deſſen auch alſo
Bereiter/eingegeben werden/nam
lich ein wenig zerlaſſen in rotem
wein / darin ein glüender ſtahel
abgelöſchē ſei / oder aber in einem
güten Triax.

IN DIARRHOEAM.

℞ Aluminis glacici/hematitis/
croci martis / ana / darauß mach
trociſcos mit gumi arabico/das
zerlaſſen ſei in waſſer/ ſo auß dem
kraut vnd wurtzel plantagine ge=
zogen worden/ doſis iſt ʒ j. vnd et=
wan ʒ j ß.

Additio.

℞ deß hematitis ʒ iij. perlarum ℈
ß.mummie liquefacte ad pondus
omnium/fiat mixtura/ doſis iſt ʒ
ij.etwan iij oder iiij.

B   D I

DE SAXIFRAGO.

DE PRÆPARATIONE

eius aduersus Vsneam arenam,

pruinam, grandinem.

℞ Sarifragi ʒ j. boracis ʒ ij. sa-
lis gemme ʒ vj. salis fusi ʒ j. sparifi-
ers / vnd reuerberiers 24. stund im
vierten gradou / als dañ zeüch auß
sein alcali / deß dosis ist ʒ ß. in gü-
tem wein.

ALIA PRAEPARATIO.

℞ savifragi ʒ j. vñ für sich selbs
reuerberiers zum sterckisten / des-
sen reuerberirten nim ʒ j. deß alca-
li auß meerettich wurtzen / alcali
auß perrofolino wurtz ɔ j. commi-
sce / deß gewicht ist ɔ j. biß auff ʒ j.
oder ɔ iiij.

Additio.

℞ deß savifragi ʒ j. ß. seminis a-
pij / cruce, ana ʒ j. Medonis clari-
ficati ʒ x. Dosis ist ɔ iiij. biß inn vj.
od vij. so lang der wein inn gstalt
tartari gehet fort gfarcu.

DE

DE ARSENICO.

Arsenicus ist fulgoz metalloꝛũ/
der rauch so von metallen kumpt/
der von bley ist der best/darnach
võn silber vnd zinn auch gůt.Aber
der so auß dem eysen geber vnd ku=
pffer/ist yeder ihzen einer gleicher
art/vnd ist kein ding/das in hei=
lung der offnen schaden vnd wun=
den/übertreff Arsenicum/dann
wann er recht preparirt wird/cu=
rirt er Sirones/Vlcera/Cancre=
nas/Fistulas/Ydoch/můs inn der
preparation sein gyfr hingenom=
men werdĕ.Das dañ beschicht auff
vrielei weiß.

PRAEPARATIO PRI-
ma est reductio in Mummiam.

℞ Arsenici albi ℥ vj. salis fusi/
colchotaris auff ℥ j.ß.commisceã
tur/reducirs in dem anderen grꝰ
reuerberationis drei oð vier stund:
dan nim ihue herauffer/das můs
ein mal oder sechs bschehĕ/d.is mã

B ij 1 ne

ihne oben ab nemme / dann wider
stosse/vnnd wider præparir vt su-
pra / solches zů dem fünfften mal
thůn.

PRAEPARATIO SECVNDA,
quæ est eius reductio in
balsamum.

℞ Arsenici albi ℥ v. Talcis ℥ iiȷ.
calcis viue ℥ xv. fiat mixtura /
reduciers in reuerberierung deß
vierten grades vier vnd zwentzig
stund/ dann ligt er auch oben wie
ein glas anzůsehen / nim ihne obē
ab (dan deß gyft ist ime kalch am̄
Boden) zerrir ihne/vnnd thůns in
ein glas /stells in keller/so wird o-
leum darauß siue balsamus.

Additio.

Deß Balsami ℞ ℥ iiȷ. olei vitello
rum ℥ v. terpentine destillate ℥ j. mi
sceantur. Wie Mummia arsenici
gebraucht wird/also sol balsamus
auch gebraucht werden / namlich
zů zwelff stunden.

PRAE-

PRAEPARATIO TERTIA, EST
reductio in liquorem.

℞ Arſenici crudi aut albi ℔ ſſ.ſa
lis nitri ℔ j.ſalis gemme ℥ ſſ.mach s
zů einē reinen puluer / reduciers
in apertam reuerberationem vier
vnd zwentzig ſtund. Wan man das
zůſammen thůt/vnd ſtellets zů re
uerberirn / ſo brent arſenicus auff
drei ſtund/vnnd dann zergehet er.
Wã er zergãgen iſt/ſo ſchütt ihne
in ein waſſer / dan coagulir ihne
in modum alcali.

Additio.

Deß liquoris ℞ ℥ xv. corticum
granatorum ℥ vj. thuris ℥ ij.muci
laginis de botin ℥ iij.fiat mixtura.

DIE ADDITIO IN MVMMIAM
arſenicalem, iſt alſo.

℞ Deß Mummie ℥ j. liquoris bo
tin/myrrhe ana ℥ ij.fiat in modum
olei: daß gebrauch zů zwelff ſtun
den / iſt ein hohes mundificatiuũ
in eſtiomenis vnd vlceribus.

B iij   DE

DE AVRIPIGMENTO.

PRAEPARATIO AD FI-
stulas.

℞ auripigmēti ℥ j. tartari calci=
nati ℥ iŋ .stratificiers vnd reduci=
ers vier vnd zwentzig stund im vi=
ertē grad ignis/ So er also kochet/
so zerlaufft er/ sol man ihue vnden
herauß nemmen vnd stossen / vnd
inn wasser sieden / so falt ein weis
puluer an Bodenn / das ist auri=
pigmentum preparatum. Vnd
wann mans in ei glas thůt/ wird
ein oleum darauß / das spritz in fi=
stulam / oder legs mitt einem thů=
chlin darauff / auch dz puluer in
die vlcera strewen.

Additio.

℞ deß preparirten auripigmenti
℥ ß. resine pini ℥ j. cere ℥ j. ꓳ ß. mach
ein cerotum/ legs in fistulis auff.

RRAEPARATIO AD CANCRVM.

℞ auripigmenti ℥ v. fuliginis ℥ ß.
salis

ſalis Armoniaci ʒ iij. reduciers zů
reuerberirn tag vnnd nacht in vi=
erten grad/mach darauß ein alca=
li / welches im kreps ſummum ar=
eanum iſt.

Additio.

℞ deß auripigmenti ʒ v. de cine=
ribus fimi columbini/olei vitello=
rum onorum ſo vil ſein gnůg iſt ein
vnguent zů formen/das gebrauch
in cancro.

PRAEPARATIO IN AESTIO=
menis.

℞ Auripigmenti ʒ iij. aluminis
calcinati ʒ vj.reducirs als erſt ge=
ſagt/machs alcali.

Additio.

Deſſen ℞ ʒ vj. liquoris Gum=
mie ʒ ij.olei roſati ʒ j. ß. mucilagi=
nis ſeminis pſilij ad pondus om=
nium/mach darauß ein cataplaſ=
ma oder vnguentum.So die kran=
ken das brennen klagen/ſol man
von erſten oleum camphore dar=

B iij   über

über ſtreichen/ ehe man das medi-
camentum aufflegt.

DE SVLPHVRE.

PRAEPARATIO EIVS EST IN
apoſtemata acuta, vt eſt Pleuri-
ſis, Peſtis, & his ſimilia, &c.

℞ Sulphuris ſic viui ℔ j. colchota
ris /ſalis fuſi ana ℔ ß. machs zū
reinē puluer/reducirs ins ſublima
torium. Wan er aufftriben iſt/ſol
man ihne nemmen vnd alſo wider
aufftriben/ein mal viere/vnnd ye
öffter ye beſſer.

Additio.

℞ deſſen ℥ ß. olei nucis muſcate
℥ j. aque veronice preparate ad pö-
dus omnium/fiat hauſtus.

IN ASTHMATE SVLPHVRIS
præparatio.

℞ ſulphuris fuſi ℔ j. de flauis
ſantalorum rubeorum / cupreſſi et
pini ana ℔ j. ſtratificiers/reuerbe-
riers

riers /vnd extrahir sein alcali:deß
alcali ℞ ʒ v.myrrhe ʒ v.sublimirs/
vnd wan alle medicamina fålen/
so ist daß gůt.

Additio.

℞ deß sulphuris ʒß.Thebaici cor
recti ʒ iij.Theriace so vil sein Be=
darffst ein Bolum zů machen:deß do
sis ist Ꝺ j.Biß auff Ꝺ ij.vnd etwan ʒ j.

IN CONSERVATIONE SANI-
tatis.

℞ sulphuris ʒ iiij. croci orièta=
lis/mirabolanorū Chebulorū/Bel
liricorū ana ʒ j. olei de granis iu=
niperi/so vil sein bedarffst das zů
incorporieren / laß gar gemechlich
vnd mitt sanffter hitz sublimiren.

Additio.

℞ deß sulphuris ʒ ß.myrrhe ru=
bee/croci orientalis ana ʒ ß. et Ꝺ j.
aloc hepatici/ ad pōdus omnium.
Dosis ist Ꝺ ß. vn auch Ꝺ j.zů zeyten.

B v TRA-

TRACTATVS TER=
TIVS, DE GEMMIS.

PRAEPARATIO CORAL-
lorum ad restringendum men-
struum & profluuium.

℞ corallorum ℥ ß. olei myrtillo=
rum ʒ j. olibani ℥ j. ß. salis fust ℥ ij.
misce/laß im vierte grad deß feürs
reuerberiren yy stund/vnnd nicht
lenger / dann schwems mit wege=
rich wasser.

Additio.

℞ deren corallen ʒ j. seminis ta=
naceti/plantaginis ana Ə j.ß. fiat
puluis/den sol man mit güte wein
vnnd wenig salzes in ein ey schüt=
ten/vnd zü essen gebe / sonst hilfft
es nicht.

PRAEPA-

PRAEPARATIO CORALLO
rum contra uenenum assum-
ptum.

℞ corallorum optime tritorum
ʒ ij.aque ligustici ℔ ſſ. ſalis gemē /
vitrioli albi ana ʒ ij.reducirs in di
geſtionem im anderen grad deß
feürs/einē monat lāg/wz dañ rot
iſt / nim auſſer vnnd .coagulirs.
Wo man wider gifft handlen wil
mitt diſer artzney / ſo ſol ſie ohne
daß corpus ſonder geiſte ſein/dañ
das gifft iſt auch ohne corpus/der
halben nim die tinctur das rot dz
am boden ligt.

Additio.

℞ preparirter corallen Э v. the-
riace ʒ ſſ.radicis lappatij maioris
ʒ v.et Э ij.alcoolis vini eviccati ℔
ſſ.laß in der digeſtion ſtehen ſiben
tag. Deß doſis iſt von ſaniſſ: ... .
gran biß in Э ij. Magſt auch dem
jhänigen ſo gifft geeſſen hat/ſölli
ches in prunellen waſſer zu trin-
cken

ten geben ʒ ij. vnnd das offt auff
einander thū / daß er ſchwitʒ vn
tein wehe mehr in den gliderē em-
pfindet.

SIGNVM ACCEPTI VENENI.

Erſtlich laborierent ſie orexi /
dann entferbt ſich das angeſicht/
als dan ſchlecht gifft in die glider/
dann geſchwellents : wann ſölche
ʒeychen vorhanden/ ſo gib fluy di
ſer preparirten corallen mit der
addition in roſen oder prunellen
waſſer fünfʒehen gran / über ʒwo
ſtund aber/vnd aber/etc.

IN TONITRVIS.

℞ coralloʒum ʒ vj. de cineribus
cumini Romani/fabarū ana ʒ iij.
aluminis preparati ad pōdus om
nium/fiat mixtura/laß digeriren
mitt ℔ ſ. alcoolis vini exiccati /
drey oder vier tag/dann exiccirs.

Additio.

℞ coralloʒum iſtorum ʒ ij.ſpecie-
rum

rum díacimini ʒ ß. ſanguinis yr=
ci preparati ad pondus ómnium/
mach darauß mitt zucker ein drá=
ſet.

PRAEPARATIO CONTRA IN=
cantatum obſeſſum, timidum
& melancholicum.

℞ corallorū ʒ iij. viſci quercini/hy
periconis ana ʒ iiij. ſtoracis calami
te/laudani gumi ana ʒ j.ß.vrine de
ſtillate ℔ ij. reducirs in decoctionē
clauſo alēbico vij. ſtund/deſtillirs
vnnd geüß wider darauff/ als ge=
melder/etc. Wann man die co=
rallen alſo preparirt / ſo werdens
rot/vnnd mechtig hert / darumb
ſtoß ſye zů erſt.

Additio.

℞ der corallen ʒ viiij. angelice ʒ
xv. viſci quercini ʒ j ß. miſchs mitt
aqua hypericonis. Doſis iſt ein
lot / biß etwan auff ʒ vj.

D I

DE MAGNETE.

PRAEPARATIO MAGNETIS IN
uulneribus & ulceribus, cum
flaxis aut fragmentis.

℞ magnetis ℥ j. calcis ouorum ℥
vj. ſtratificatur vnnd reuerberirt
im viertten grad tag vnnd nacht/
darm thůn calcem euorum dan̄
von.

Additio.

℞ magnetis ℥ ß. carabe ℥ ij. pul-
uerifentur ſubtiliſſime emplaſter
eppoſeltroch aut apoſtolicon̄s ℔
ſ. miſchzůmirs zů einem empla-
ſter.

DE GEMMIS TRANSLVCEN-
tibus.

Die durchſichtigen gemme ha-
ben wol viererley preparationes/
ohne deß daß ſye auch rauwe gůte
virtutes haben/ vnnd je demſioch
ſye preparirt werden / ſeind ſy zů
gebrauchen.

D E

DE PRAEPARATIONE CRI-
stalli ad lactis generationem.

Der Chriſtall hat ein ſonderba=
re art milch zů geberen uberfluſ=
ſig/wann er den frauwen eingege
ben wirdt/wol preparirt / vnd iſt
alſo:

REVERBERATIO CRISTALLI.

℞ criſtalli ℔ j. aque entali ℔ ij.
fiat mixtura per imbibitionem/
reducirs zum reuerber 24 ſtundt/
alſo wirt auß einem pfundt ein
Verton/deß doſis iſt ʒ ij.

Additio.

Deß preparirten criſtallen nim
ʒ ij. de ſpermate meliſſe lactuce a=
na ℥ ß. et ʒ ß. fiat puluis cum admi
niſtratione amigdalarum.

CALCINATIO CRISTALLI.

℞ criſtalli vnciam j. ſalis armo=
niaci ʒ iij . wol gepüluert / ſub=
limirs/ dieſe ſublimation můß ein
mal oder ſey beſchehen/ vnnd den
criſtallen

criſtallen alwegen wider abthůn.
Deß eleuirten criſtallens ℞ vnciã
ß.aque comunis deſtillate vncias
iiij.reducirs in ein alcali / deß do=
ſis iſt ʒ.ß.

DESTILLATIO CRISTALLI.

℞ criſtalli eleuati vnciã j. aque
nitri et aluminis ſine deſtillatione
ana vncias ij.digerirs wol / vann
deſtillirs / das deſtillirt tröckne/
das trocken reſoluir : das eintrö=
cknen ſol ob einem ſanfften feür be
ſchehen / ſo laſſet ſich das coagu=
lirt in einem feüchten keller gern
in waſſer reſoluirn /daß dann die
letſte preparation criſtalli iſt.Deß
doſis iſt ein ſcrupulus/ vnnd der=
maſſen/als yetzund mitt dem cri=
ſtallen das exempel gefüret / ſolt
mitt allenn edlen geſteinen hand=
len.

Jm Rubin iſt ein treffenliche
tugendt wider dyſenteriã / doch
nach angeſchickter preparation ſol
das gewicht adminiſtrirt werdẽ/
vann

dann rauw (crudus) ift fein do=
fis vncia j.

    Reuerberirt/Dofis ift z ij.
    Calcinirt/Dofis ift z j.
    Eleuirt/Dofis ift z ß.
    Deftillirt/Dofis ift ɔ j.

Alfo feind nach folchem proceß/
deftillirte granaten ein groß ge=
waltigs collyrium wider die fäl
in augen. Alfo deftillirter fchma=
ragd wider das Blůt fpeüwen. Sa
phiri deftillati nimpt das hertz=
klopffē:alfo verfteh vō anderē der=
gleichē/dañ yedes thůt fein krafft/
wie Bartholomeus Anglicus über
viler edlen gfteinen virtutem be=
fchriben/etc.

Additio der granaten, dienftlich
vuider das hertzklopffen vnd
bluot außfpevuen.

  ℞ granatorum vnciam ß. aloe
hepatici z iij. fulphuris preparati
z j.ß.fiat mixtura faccaro clarifi=
cato.Dofis ift z ij.biß auff z iij.mit
          C   der

der medicin muß fort gfaren wee=
den fünff tag / darnach wann kein
cremor cordis da ist / magstu auff=
hören.

Additio Saphiri.

℞ saphiri ʒ iij. ambre dissolute ʒ
j.ß. storacis calamite Ꝼ j. misceant=
tur / Dosis ist Ꝼ j. erwan Ꝼ j ß.

Smaragdus stercke die frauwē
in jhrem schmertzen / ist den selbigē
ein hochbegabte medicin / so fern
er bereit vnnd destillirt wirdt in
der destillation / als von cristal=
len anzeigt worden.

Additio in Smaragdum.

Deß preparirtē schmaragdi ℞ Ꝼ
j. liquoris melisse ʒ j. abrothani ʒ ij.
fiat mixtura / dosis ist ongfahr=
lich drey tropffen biß auff sey / etc.

Additio in Hyacinthum præ-
paratum.

℞ hyacinthi preparati Ꝼ j.ß. com
mi=

miſceantur/ſo iſt 9z ein hohe artz=
ney in alle febres/ſo auß feülung
der erden vnnd waſſers kommen:
Wo ſolche febres pflegen gern zů=
entſpringen/ſo trinck alle jar zwey
mal/vnnd alle neüwe liecht / oder
coniunction Solis et Lune fier/
oder fünf gurtas hieuon/
ſo biſt du ſicher.

TRACTATVS

QVARTVS DE SALIBVS:
& primo, de Vitriolo.

PRAEPARATIO VITRIOLI
contra ſpecies caduci, ſcilicet Ana-
lepſiam, Catalepſiam, & E-
pilepſiam.

℞ vitrioli cuperroſi ℔ j. deſtillir
ſein phlegma daruon / daſſelbig
güß wider über das corpus / das

C ij retter

reiterier abermalē/also ein mal vñ
ere/ vn im vierten grad getriben:
deß dosis ist ꝛ ß.biß auff ꝛ j.vor vñ
nach dem paroyismo.Wann einn
morbus ey vitriolo kumpt / sol er
durch jhne auch curirt werdē. Jm
saltz deß vitrioli ist der caduceus/
darumb gib von jme wie anzeigt/
in dem daß die kranckheit würz
ckung hat/vnnd darnach.

Additio.

℞ vitrioli sic parati ꝫ j. liquoris
visci quercini / orisontis ana ꝛ ß.
er grana iiij. fiat mixtura.   Die
statt caduci ist im anfang Nuche/
oben im genick / da sol mans sal-
ben/vnnd so man den jungen nu-
cham salbet pinguedine castorei/
hilfft es gar wol.

PRAEPARATIO VITRIOLI IN
suffocatione matricis.

℞ vitrioli a phlegmate et colcho
tare purgati vncias ij. pulegij vn-
cias ij.alcoolis vini vnciam ß. re-
ducirs

ducirs durch destillierūg nach notturfft/dosis ist ℈ ß. auch etwan ℈ j. ist gar ein gwaltige steür vnd hilff wider der műter erstecfung.

Additio.

℞ dises liquoris vitrioli grana vij. granorū acte ʒ j. alcoolis vini ʒ j. et grana vij. darauß werde ein cōpositũ. Locus ist bey dē vmbilico/ so legs über den nabel. Wan suffocatio mitt erbrechung gieng/ soltu die andere medicamina auch einnemmen/ wie anzeigt.

PRAEPARATIO IN SIPHITA stricta & gutta.

℞ vitrioli preparati et predicti vnciam j. alcoolis vini vncias ij. aluminis iameni vnciam ß. reducirs im viertē grad deß feürs zum liquore / dosis ist eüsserlichen ʒ ß. iñerlichē grana vj. biß auff neün: eüsserlich aber/ am orth da ð morbus anfacht/ als in pulsu/ alda ist sein symptoma: gehen sy aber über

dz weiter/ſo ſind jnen die medicin
uber beyde puls aderc̃: In Siphy
ta praua / iſts ſchlahen nicht
zů verwerffc̃:aber in Sip hita ſtri
cta iſt es nichts werdt. In gutta
můß ſie medicin vornc̃ an ſie zun
gen eingenommen werden/da ſer
guſtus iſt/etc.

Zů preparirn vitriolum/ daß er
zů ſeiner hohen operatiõ komme/
ſo im Gott geben/ iſt alſo/ ſaß ſu
jhne ſcheidiſt vom colchotar / daũ
zů gleich c̃gewicht hinzů thůiſt al-
cool vini/als daũ zerſtoſſen/ gerõ
ſter brot võ rockc̃ kleyen gebackc̃ in
liquorem legiſt / vñ ein monat im
roß zirck digeriren laſſeſt : ſo ſas
beſchehc̃ / ſcheid ſurch ſeſtillation
ſie liquores vom brot/ ſarnach dz
alcool ſeparir vom vitriolo im Bal
neo ſurch ſc̃ erſtc̃ grad ſeß feürs/
vnnd merck/ſo vitriolum ſein ace-
toſitet verleürt / als ſann iſt
kein virtus mehr da.

PR AE—

PRAEPARATIO VITRIoli albi.

CONTRA NEVTHAM ET ALIOS dolores oculorum.

℞ vitrioli albi ʒ v. olei ϑe ſiligine ʒ ſſ. olei ex camphora ʒ ij.laß pñ reficiren einen monat lang in einem roß zirck / deſtilliers vnderſich.

Neutha iſt / wañ ein haut über ein oug gewachſen iſt / oder in pu tu über ein ohz / ſind ϑie fäl ſo über ſchieſſend in ϑer geburt / es ſeye wo es wölle im angſicht / oð auch vulua / oculis / aure vel oze.

Wann ex parvo ein fäl über dz aug geſchehen were / müß mans auff das aller ſcherpfiſt tribuiren cum aqua Eufragij / roſarum aut feniculi / ϑamit müß mans lymphiren.

Additio ad exteriores dolores oculorum.

℞ vitrioli preparati ſcrupulum

C iiij vnum

vnum/liquoris euphragie fcrupu
los ij.liquoris papaueris rubei ʒ j.
fiat collyrium. Oleum ex filigine
hie zů dienftlich / wirdt alfo ge=
madht/leg rocken auff ein heiß ey=
fen/fo gibts ein fchmalß nebẽ vm̃/
das ift gůt ad dolores exteriores
oculorum.

PRAEPARATIO VITRIOLI IN
Neutha.

℞ vitrioli albi vnciam vnam/
olei tartari drachmas fex/olei la=
cerini drachmas quinque / deftil=
lirt mitt einanderen. Themnum
fol man nidht exen.

Additio.

℞ huius vitrioli preparati dra=
chmam femiffem / liquoris hyo=
fciami drachmas duas/olei nucis
mufcate grana feptem/fiat
collyrium.

D E

DE ALVMINE ROCHO.

PRAEPARATIO ALVMINIS AD
Vlcera cauernofa, Scabiem,
Pruritum, Aeftiomena, Vl-
cera putrida, humida, &c.

℞ aluminis δe rocho ℔ ij.aceti al
bi ℔ ß. falis fufi vertonem vnum/
fiat mixtura cum ebullitione vf-
que in coagulationem/ deftilla/fo
δeß waffers gemacht wird/ vnd vl
cera cauernofa laſt δarinnen ba-
der./fo fichſt ein groß wunder/δañ
was δife cur nicht annipt/ nimpt
kein cur mehr an.

ALIA PRAEPARATIO AD
iſta omnia vlcera.

℞ aluminis ℔ x.fucci chelidonie/
plantaginis ana ℔ j.parthenionis
℔ ß.deftilla.℞ ℔ j.iſtius aque/aque
communis ℔ x / δarinn werd ge-
badet fo warm als einer erleiden
C v mag:

mag/ist auch gůt in Alopecia vnd
Thinea.

DE ALVMINE PLV-
moſo.

PRAEPARATIO PLVMOSI IN
Lethargum, Paralyſin, &
membra ſtupefacta.

℞ aluminis plumeſi ʒ vj. colcho-
tarini reſoluti ʒ iiij ß. ſalis armo-
niaci ʒ iij. reduc in reſolutionem.

Additio.

℞ huius præparati aluminis ʒ j.
ſanguinis draconis ʒ iij. liquoris
minimie ʒ vij. fac vnguentum.
locus iſt auch im genicth in prin-
cipio Nuche.

Ex plumoſo gehet virtus inſen
ſiua ſo ſol die cura gleich als wol
auß inenn auch gehen.

DE

Liber I. 43

DE ENTALI.

PRAEPARATIO ENTALI IN Profluuio & Hæmorrhoides.

℞ Entali / tartari communis ana ℥ ij. carabe masticis ʒ ij ß. reuerberirs im anderen grad deß feürs / dan zeüch auß sein alcali. Die stat deß Bauchflusses ist im Nabel. Die statt der gulden ader ist im ruckgrad.

Additio in Profluuio.

Deß preparirten Entali ʒ j. Bols adusti ʒ iij. hematitis correcti ʒ j ß. misceantur.

Additio in Hæmorrhoides.

℞ Entali preparati ʒ iij. corallorum preparatorum Ə iiij / olei nucis muscate so vil sein gnüg ist ein salb zümachen. Die statt zü schmieren ist / der ruckē grad zü vorderst.

DE ANATHRON.

Anathron ist ein geschlecht deß saltzes /

ſalges/einn weis müs / wachſenn
auff den ſteinen / welches / wans
mit waſſer gſotten wirdt/ faſt wie
alun anzüſchawenn/alſo ſaur/zü
letſt wirds glas/etc.

PRAEPARATIO ANATHRON IN
fiſtulis, cintillas & ſcrophulas.

℞ Anathron ʒ vj.cineris fabarū
ʒ ij. calcis ex teſtis ouorum ʒ iij. re
uerberire im vierten gradu zwelff
ſtund lang / zeüch auß ſein alcali.
Vnnd dieweil Anathron einen
ſchwebendenn mercurium bei ſich
hat/müs er alſo corrigirt werden.

Additio.

℞ deß Anathrj ʒ ij . Butyri crudi
ʒ iiij. pinguedinis marmentorum
ʒ ij.fac vnguentum.

DE

DE SALE GEMMAE.

PRAEPARATIO SALIS GEM-
mæ in Hydropiſi & Ictericia.

℟ Salis gemme / ſucci Titimal li(iſt Eſule minoris) ana ℥ j.gum mi ev ceraſis ad pondus omniũ / fiat Bolus / laß in dritten grad re uerberirn zwo ſtund / extrahir ſein alcall. Doſis iſt acht gran biß auff zwölff. An ſtatt diagridĳ magſt trociſcos allandahal nemmen.

Additio.

℟ Salis gemme ℈ ß. Reboli (iſt ſera muminia) liquoris centauree ana ℈ iiĳ.vermengs. Doſis iſt vier gran biß auff vĳ inn einem ey.

PRAEPARATIO IN CAETERIS
morbis.

℟ huius ſalis gemme ℥ j. ſucci cataputie ℥ ĳ. farine tritici ad põ dus omnium / mach darauß einn wolgebachens Brot / gib einzünem men daruon ℥ j.biß inn ℥ ĳ.

DE

DE SALE PEREGRI-
norum.

PRAEPARATIO EIVS VT CON-
fortet in ſtomacho digeſtionem,
& fit præſeruās putredinem, &c.

℞ ſalis nitri / ſalis fuſi / ſalis
gemme ana ʒ j. galange / maceris /
cubebarum ana Ə j. fiat puluis /
deß Doſis iſt gran iiij an morgen
nüchtern einzünemmen / welcher
deß ſaltz auff ð meerfart braucht /
korret nicht.

PRAEPARATIO SALIS PERE-
grinorum.

℞ iſtius ſalis ʒ iij. alcoolis vini
eviccati ℔ ſſ. zeüch deß alcali auß /
deſſen alcali nim ʒ ij. liquoris gra-
norum iuniperi kiſt vnum / duc eſt
compoſitum. Doſis iſt j. gran in bo
no vino / nil ðeber addi / alioquin
adimit ſalis virtutem / alſo iſt ſein
preparation vnd addition. Her-
mes hatt ſollich ſaltz für hoch ge-
halten / vnd zū auffenthaltung lan
ges

ges lebens gebzaucht.

DE SALE NITRI.

PRAEPARATIO SALIS NITRI

in Pleurite.

℞ salis nitri ℔ ß. tartari crudi ℔ j. Destilliers über sechsten alembic/ Dosis ist Ɜ j. Biß Ɜ j ß. inn gůtem Brunwasser/ oder gůtem wein/sol gereicht werden morgens/ zů mittags/gegen abend vnd mittnach/ etc. wil offt administrirt werden/ so purgirts durch denn harn.

Additio.

Deß ℞ Ɜ ij. aque cesaris siue aque regis Ɜ ß / alcool vini eviccati Ɜ v. fiat mixtura. Dosis ist Ɜ ß. Biß Ɜ j ß.

PRAEPARATIO IN VLCERIBVS

cauernosis.

℞ Nitri / aluminis ana ℔ ß. aque fontis ℔ ij. destillir darauß ein wasser.

Additio.

℞ Aque plátaginis/ chelidonie/ be folis quercuum ana ℔ ß. etc.

TRA

TRACTATVS QVIN-
TVS SEQVITVR DE ME-
tallis.

PRAEPARATIO AVRI
contra Paralyſin, Tremorem cor-
dis, Synthena.

℞ Auri puri et purgati a Mine-
ralibus ſuis ʒ ij. aque ſalis gemme
ʒ vj. machs ʒu einigen/ van ſcheids
durch alcool vini/ dann ℞ croci ʒ
ij. alcool correcti ʒ vj. miſceantur.
Doſis iſt drei gran oder vier/ biß
inn ſex.

Additio.

℞ deß preparati auri Ә j. aque la-
uedule correcte alcoole vini atque
ſpicule ana ʒ j. Doſis iſt Ә j.

PRAE-

PRAEPARATIO IN FEBRIBVS
& acutis morbis.

℞ foliorum liquefactorum ex a=
qua mellis ʒ ij.alcoolis correcti ʒ ij.
ſeparit ðeſʒ aquam mellis ðaruon.
Doſis iſt Ə ſſ. Biſʒ Ə j.

Additio.

℞ huius preparati auri Ə iiij. ſuc
ci centauree/ſalis nitri ana ʒ ij.Do
ſis iſt Ə ſſ Biſʒ auff Ə j ſſ.

PRAEPARATIO AD MATRICIS
dolores, Hecticam, & Peri-
pneumoniam.

℞ auri extincti aqua chelido=
nie ʒ viij. mirabolanoru Jndoru/
Chebulorum ana ʒ j. laſʒ digerirn
ſiben tag / ðann ſcheid ðie weſſer=
teic von ðer medicin/ðeren ðoſ=
iſt Ə j Biſʒ zů ʒ j.

Additio.

℞ olei nucis muſcate ʒ ſſ.olei ga=
riophillorum ʒ j.huius auri prepa=
rati Ə j.Doſis iſt Ə ſſ. Biſʒ auff Ə j.

D   DESCRI-

DESCRIPTIO AQVAE SALIS gemmæ.

℞ Salis geme ℔ ß. aque plunia=
lis ℔ j. Destillirs durch Retortê/biß
sich die gantze substantia salis auf
glösert.

PVRGATIO AVRI.

℞ Auri ʒ ß. antimonij ʒ iij / güß
zů einem könig/so nimpt deß Anti
monium alles vnreins zů ime/laß=
set daß gold am Boden.

DE ARGENTO.

RRAEPARATIO ARGENTI VT
profit cerebro, debilitato
Spleni & Hepati.

℞ Argenti laminati ʒ iij. salis gē
me ʒ vj / stratificiers vnd reuerbe=
riers vier vnd zwentzig stund/dan
zeuch auß sein alcali. Dessen alcali
thůn inn Brandtê wein / laß etlich
tag sthen/so wirds silber als Brā=
dter wein / dann laß hinweg schlei
chen/so bleibt vnden wider ein al=
cali/das solt inn ein glas thůn/so
zergehet

.zergehet es/deß dosis ist von v grā
Biß vj oder ptj.

ALIA PRAEPARATIO LVNAE.

℞ Argenti laminati ℥ j. sulphu=
ris purgati ℥ iiij. resine pini ℥ ij.
mach ein Bolum darauß/den zünd
ane/dann reducirs mit Brunn was=
ser. Deß dosis ist ℈ j. Biß auff ℈ j ß.
vnnd dise preparatio ist gůt/aber
die erst ist die Besser.

PRAEPARATIO IN PRO-
fluuio.

℞ limati argenti ℥ j/reducirs zů
einem kalch durch aquam regis.
Dessen ℞ ℥ ij.tartari crudi ℥ ß.redu
cirs in vierten gradu deß feürs/
dann zeůch sein alcali auß.

DESCRIPTIO AQVAE REGIS.

℞ Nitri/aluminis/vitrioli ana
℔ ß.destillirs in sücs wasser.

MODVS EXTRAHENDI
alcali.

℞ Argenti vt /dixi / quātū libet/

D ij   alcoo=

alcoolis vini / aque Chelidonie ꝛ
na ℥ ʋ. reducirs wie anzeigt / ſein
gwicht iſt ℈ j. biß auff ℈ j ſ.

DE STANNO.

PRAEPARATIO STANNI, ICTE-
ricis conuenientiſsima.

℞ ſtanni calcinati ℔ j. ſalis ℥ ʋ.
cineris fabarum ℔ ſ. durchs feür
bꝛings in gſtalt lithargiri / deſſen
nim ℥ ʋ / alcoolis vini ℔ ſ. So es
dann diſſoluirt wie ſich gepürth /
mach daruõ ein alcali / deß gwicht
iſt von ſey gꝛan biß auff ʋj.

PRAEPARATIO IN ASCITE.

℞ Stanni purgati ℥ j. antimo-
nij ℥ ij. (Die quidpiam deſidera-
tur) ad pondus omnium / reuerbe-
rirs vier vnd zwentzig ſtund. Dañ
℞ diſer calcinirten materi ℔ j. al-
coolis vini ℔ ʋʋ. mach ein alcali /
deß doſis iſt ℈ j. vnnd etwan ℈ j ſ.

PRAEPARATIO IN VERMES.

℞ Stãni ℥ iij / Salis cõmunis ℥
iiij / aſphalti ℥ j. aduſtione fiat pul
uis /

nis/Dosis ist ʒ ß.Biß auff ʒ iij.

Additio.

℟ Deß Bereiteten Stanni ℈ iiij/a꞉
lypte muscate ℈ j. Bdellii ℈ ij. Dosis
ist ℈ j. Biß auff ℈ ij ß.

DE CVPRO.

PRAEPARATIO CVPRI IN VL꞉ ceribus.

℟ Veneris ℔ j. Botri immaturi ℔
v. aceti libr̄ j. salis armoniaci ʒ ß.
thůns in digestionem stellen/ mitt
verschlossnem gschirr einen monat
lāg/mach darauß ein alcali/wird
spangrien.

Additio.

℟ Huius floris eris ʒ j. vnguen꞉
ti Agrippini ʒ j. lumbricorū terre꞉
strium ʒ iij. mach ein vnguentum.

Alia additio.

℟ Huius floris ʒ v. aque alumi꞉
nis ʒ xv. fiat lauamentum.

PRAEPARATIO IN VVLNE꞉ ribus.

℟ cuprei ℔ ß. terpentine destilla꞉

D iij   te

re thonam/salis vulgi ʒ j/vitrioli ʒ
ii. miscirs in ein verschlossen glas
ʒei monat lang hin gstelt/ vnd so
man nimpt kupffer bläch vnd pre-
parirts also / so ists ein gůter bal-
sam/vnd sol mann ein quintli olei
floris nemen / vñ ʒ j. olei comunis.

Additio.

℞ Huius floris preparati ʒ j/ o-
lei anethini ʒ iij. olei vitellorum o-
uorum ʒ ii. mach ein linimentum.

Additio alia.

℞ floris huius ʒ ß/aloes hepati-
ci ʒ j.liquoris cosolide ʒ iiij. machs
ane gleich einem zehen liquore.

Præparatio contra vermes.

℞ Veneris calcinati ʒ j. aque hy-
periconis/centauree ana ʒ vj.aque
plátaginis/ vini acetosi ana ʒ iiij.
laß digerirn acht tag/ dann zeüch
auß sein alcali/deß dosis ist ɔ j.vnd
etwan ɔ iiij oder ɔ v.

Additio.

℞ Huius floris eris ʒ j . sachari
taberzet/succi liquiritie ana ʒ ii ß.
puls

puluerisirs dosis ist ℈ ß. Biß ad ℈ j.

PRAEPARATIO CVPRI IN VL-
ceribus oris.

℞ Veneris cementati ʒ ij / cādi-
di aluminis vsti/de roche ana ʒ vj.
aceti destillati ℔ j.zeüch auß sein al
cali/etc. *Additio.*

℞ Huius floris preparati ʒ j. a-
que chelidonie ʒ iij/aque aluminis
ʒ j.mach ein gargarizarum oder
mundtwasser.

DE FERRO.

PRAEPARATIO FERRI IN VIR-
tute Stiptica.

℞ limature ferri ℔ j. salis com-
munis ℔ ß. Brunnwasser so vil sein
bedarfft zū incorporirn / laß vier
wochen sthen/dan reuerberirs biß
zū einem puluer wirdt.

Additio.

℞ Huius croci ʒ j. Boli adusti ʒ iij/
terre sigillate ʒ v.machs zū puluer:
diß puluer magst auch brauchen
in allen offnen schādē vn wundē/
so außdorrens noturfftig/oder in-

D iij car-

carnieres/etc.wilts inwendig deß
leybs geben/ so gib ʒ ſ. zütrincken.

PRAEPARATIO FERRI VT CON-
ſtringat.

℞ limaturarum ferri ℔ ß / aque
aluminis ℔ j ß. aceti deſtillati ℔ ß.
laß ſtehn in digeſtione einen mo-
nat lang / dan wäſchs/darnach re
uerberirs zů einem croco.

Additio.

℞ Eius croci martis ʒ j / myr-
rhe ʒ ß / croci orientalis Ə j. pulue-
riſentur. Sein gwicht iſt Ə ij. Biß
auff Ə iiij.

PRAEPARATIO IN VIRTVTE
exiccatiua.

℞ limaturas ferri ℔ ij/ aque pi-
trioli ℔ ʒ.laß maturirn einen mo-
nat lang / dann reuerberirs zů ei-
nem puluer.

Additio.

Deſſen nim ʒ iiij. Balauſtiarum ʒ
j. ſucci de accatys ad pondus om-
nium/ fiat electuarium.

·DE SA-

DE SATVRNO.

PRAEPARATIO PLVMBI PRO
incarnatione.

℞ cinerum Saturni ℔ j. koch=
mitt essig ein stund oder vier/ das
ist sein erste preparation/vnnd die
machet die wundenn incarniren/
macht sy hert/vnd gůt fleisch. Ce=
russa wirdt auch auß pley/so mãs
mitt wasser bleichet an der Son=
nen: Item so man pleyweiß in ei=
ner pfannen seübet/wirdt minien
darauß.

DE MERCVRIO.

PRAEPARATIO ARGENTI VI=
ui pro incarnatione.

℞ mercurij preparati in pulue=
rem vncias ij. aque cesaris vncias
decem/reduc ir durch destillierung
im balneo etlich malen/ so wirdts
zů einem öle/ das heilet wunder
schnell/wunden vnnd offen schä=
den: aber weyls geifferen machet
vnnd schwertzt die bein/ derhalbē

D v

es mitt cautelen zů eyhibirn ist.

PRAEPARATIO VT LAXET.

℞ Mercurij coagulati ab albu
mine ouorum vnciam vnā / aque
aluminis vncias sex / destillie s in
der Äschen / fiat puluis / dosis ist
grane iij.biß auff grana quinque:
was für kranckheyten kommen ex
leprosa humiditate / als beschicht
in pustulis / paralysi / speciebus
gutte / hydropisi humida /
da ist ein mechtig pur=
gatiuum.

LIBER

LIBER SECVNDVS

DE NASCENTIBVS EX
terra.

LIBRI SE CVNDI TRA-
ctatus primus, de Præparatione
terpentinorum & gum-
morum.

PRAEPARATIO .TERPENTI-
næ, ad enecandum uer-
mes.

℞ terpentine ℔ j.aque centaurie
℔ ß.schwemme ɔȝ wol/ ℞ deſſen vn
ciam vnam/agarici ȝ ij. aloes he-
patici ȝ ß/miſce/das gewicht ein-
zůgeben iſt ȝ j.Biß auff ȝ ij.vñ auch
ȝ iij.

SANANDVM VLCERA.

℞ terpentine vncias iij.ſucci al-
kakenũe vncias vij.ablue.Deßter
pentins

pentins ℞ vncias iij.thuris vnciã
ß.gallarum ʒ j ß.miſcits/ðoſis iſt
ʒ ß.etwan ʒ j.

Additio.

℞ huius terpentine vncias ij. o⸱
lei ðeſtillati non ardentis vnciam
j. ß.viſci lumbticorum terreſtrium
vncias v.mach ein vnguentam.

AD VVLNERA.

℞ terpentine ℔ j.ariſtolochic ro⸱
tunde vncias quatuor/ lumbricos⸱
rum terreſtrium vncias ſey/ðeſtil
lirs.

Item ℞ terpentine ℔ ij.olei com⸱
munis vertonem j.olei laurini vn
ciam j.ðeſtillirs.

Additio.

℞ terpentine ʒ ij. conſolide ma⸱
ioris ʒ ß.recentis ariſtolochic rotũ
de/aloes hepatici ana ʒ iij. fiat ca
taplaſma.

Additio ulceribus & uulneribus
commoda.

℞ terpentine ðeſtillate ℔ j. croci
veneris

Veneris/croci Martis ana ℥ j. di-
ßetire ſiben oder acht tag/ damire
ßinde ein tag zwey mal.

DE MASTICE.

PRAEPARATIO MASTICIS IN
doloribus ſtoma-
chi.

℞ maſticis ℥ iij. alcoolis vini ℔
ß. galange ℥ j. deſtilliers durch den
alembic/ſein doſis iſt Ɔ ß.

Additio.

℞ huius maſticis ℥ ij. maceris/
olei croci corporalis / galange a-
na ℥ j ß. Doſis ſcrupulus ſemißis
vnnd Ɔ j.

PRAEPARATIO IN VLCERIBVS
interioribus.

℞ maſticis vnciam ß. hermoda-
ctilorum ℥ ß. deſtilliers mitt einan
deren/Doſis iſt vier grau/biß et-
wan auff zehen in gütem wein.

Additio.

Additio.

℞ masticis per se vncias decem/
cerpentine vncias quinque/petro
leo vnciam vnam/ destilliers mitt
einanderen/Dosis einzünemmen
ist scrupulus vnus / eüsserlich an=
zůsalben/ sol Beschehen morgens/
mittags vnnd abents
zeyt,

Doctor

Deß Fürsten aller artzeten Aureo-
li Paracelsi Tractat/von
ersten dreyen Sub-
stantien.

Das erst Capitel.

EIn jetlichs gewächs dz
ein element producirt/
wirdt inn drey ding ge-
setzt / daß ist in Saltz/
Sulphur vnnd Mercu-
rium / auß disen dreyen wirdt ein
coniunctio / die gibt ein corpus
vnnd ein vereinigets wesen. Was
hie dz corpus antrifft / wirt nicht
gemeldet/allein das inner deß cor-
pus. Sein würckung ist dreyfach/
Eine ist das Saltz/ die nimbt hin
durch purgieren/mundificirn/bal-
samirn / vnnd dergleychen ander
solche weg/vnnd herschet über dz
so zu der feulung gehet. Die ander

Ietlichs em-
pfintlichs
vnd vnem-
pfintlichs
ding ist in
drey ding
gesetzt.
Tria prin-
cipia.
Dise drey
ding sind
die, auß de-
ner gsund-
heyt vnnd
kranckeyt
kompt.
operatio
triplex.

E   ist

ist deß Sulphurs / vnnd herschet
uber das/was zů vil wirt auß den
anderen zweyen / oder zerbricht.
Die dritt ist deß Mercurij / vnnd
nimbt hinweg/das in die consum
ption gehet.

Trium for-
ma.
Nun aber zůwissen von denn
dreyen was sein form sey/Eins ist
liquor/vnnd ist Mercurij / Eins
ist ein oleiter / die ist Sulphuris/
Eins ist einAlcali/diß ist võ saltz.
Der Mercurius ist ohne sulphur

Quando u-
numquod-
que iftorũ
in fua po-
tentia.
vnd saltz/das Saltz ohne sulphu
re vnnd Mercurio/jha so ein jet
lichs steht in seiner potentia.Aber
welche operationes erfunden wer
den in morbis permixtis/sol vet
standen werden/daß separatió re
rum nicht volkommen ist/ sonder
zwey inn einem/ als in hydropisi

Permixtæ
ægritudi-
nes quæ.
vnn anderen dergleychen: Dann
permixte egritudines sind die/ so
über sein siccum oder humidum
temperatum stehend / als offter
mals Mercurius vnnd Sulphur
nem

nemmend hin paralisim/auß vr=
sachen daß da auch mitlaufft sul=
phur corporale/oder daß er ledirt
ist in der confin vmbligende. Da=
rumb hie acht zů haben ist / daß
ein yetlicher morbus zweyfacht
stehen mag/auch dreyfach/das ist
morbi commixtio / in solchem der *Morbi com=*
Medicus Betrachten sol/so er ein *mixtio est*
simplex nimbt/wie hoch es stand *lesio in tri=*
in liquóte/wie hoch in oleo / wie *bus.*
hoch in sale/vnnd wie der morbus *Medico*
in der confinys lesion stande/dem *que ani=*
selbigen nach extrahierten liquo= *ma diuer=*
rem/oder salem oder sulphur / in *tenda.*
seiner notturfft attribuiren / vnd
mitt kürtze die regel behalten sol *Regula.*
werden/daß ein medicin gebenn
werd lesioni/die ander morbo.

Das ander Capitel.

Je salia purgieren/doch in *ris saliun*
mancherley weg / eins per *in purgan=*
successum: vñ sind zwey salia *do. Per se=*
           L ij   Das *cessum &*
hoc duplex
Rei & N=
ture.

Das ein ist sal rei/ vnnd digeriert
die ding im stül: Das ander ist sal
nature/ vnnd treibt auß/ darumb
ohne saltz kein stůlgãg beschehen
mag/ auß dē volget/ daß sal vul=
gi hilfft saltburg nature. Etlich

Per vomi-
tum.
purgieren per vomitum/ vnnd ist
das grobist sultz/ so es nicht in di=
gest gehen mag/ ersticks oben im

Per sudorē.
stomacho. Etlichs per sudorem/
vnnd ist das subtilist saltz/ vnnd
ist das saltz das in dz blůt kombt/
dann die salta ab stercora vnd ab
vomitum kommend in das blůt
nicht/ darumb sy keinen sudoren
produtieren/ vnnd diß nur saltz wz
hárauß gehet. Etlich prouociern

Per urinã.
durch vrinam/ dann der gantz v=
rin ist nür sal superfluum. Der
stercus sulphur superfluum/ deß
liquoris gehet nichts superflui há
rauß/ sonder bleibt in jhme. Also
sind alle egest so auß dein leyb kõ=
men/ durch das saltz außgetribne
phlegma/ durch die nasen/ dz auß
den

den ohren/durch die augen vnnd
in ander weg. Sollichs wirdt *Omnes ope-*
durch den Archeum verstanden / *rationes ex*
auß welchem sye ihr operationes *Archeo.*
nemmend / als im letsten anzeigt
wirdt.

Wie nun auß dem Archeo das
saltz laxatiuischer art gehet / eins
purgiert stomachum / wann es
kompt auß dem stomacho Archei/
Eins purgiert das miltz / wann
es kompt auß dem miltz Archei. Al
so auch mitt cerebro/iecore / pul-
mone/vnnd mitt anderen. Also vr
sachen daß membrum Archei deß
membrum microcosmi. Nun aber *Saluary sa-*
von Alcali zu wüssen vnnd saltz/ *poris.*
ist mancherley: Eins ist süß / als *Dulcis.*
cassia/vnnd ist das separirt saltz/
das in den mineralibus Antimo-
nium heißt: Eins ist saur /als sal *Acris.*
gemme: Eins räß/vnnd ist im zin
ziber: Eins bitter/vnnd ist im reu *Amari.*
barbaro vnd coloquint/etc. Dar *Quedam*
auff zu wüssen ist/daß vil Alcali *nascuntur.*

E iij gebo-

Extrahion-
tur.
Coagulan-
tur.

geboren werden als Harmel/vil ex-
trahirt als ſcāmonea/ Vil coagu
lirt als abſinthij/dz zůuerſtehn iſt
auß dem/als ſy im ſaltz erkent wer
den. Dergleichen purgieren etlich

Operatio
biſaria, rei
& extin-
cta.

allein per ſudorem: Etlich allein
durch conſumiern vn dergleichen;
dañ als offt ein beſond ſapor / als
offt ein beſondere operatio vñ ex-
pulſio/dere doch allein zwo ſind /
daß iſt operatio rei vnd operatio
extincta.

Das dritt Capitel.

Operatio
ſulphuris
in quibus

Er Sulphur operirt exieca
do et conſumendo ſuperflu-
um / Es ſey von jme ob von
den andern /ſo ſoll er durch denn
ſulphur cōſumirt werden / ſo es dē
ſalibus nit vnderworffen were ob

Exemplum
in hydropi-
ſi.

iſt/als in hydropiſi gehört die me
dicin der ſalium auß der leberen
Archei/hinzůnemmen daß do pu-
trefa-

refactum ist vñ corꝛuptum/Wey
ter aber den moꝛbum hinzůnem
men/můß es durch dē sulphur be=
schehen / dem solche kranckheiten
vnderworffē sind in irē vrsprůg /
wiewol es nit ein jetlicher sulphur
tůt.Also ist es pꝛoducirt / auß der
natur deß elements/daß ein jetli=
che kranckheit so die natur deß ley
bes macht / ein gegenteil auß der
natur deß elements hab / vnnd dz
geschicht vniuersaliter vnnd par=
ticulariter / darumb auß den ge=
neribus deß elements / die ge= *Ex generi-*
nera moꝛboꝛum zů erkennenn *bus elemen*
seind/also zeigt je eins das ander *torum, ge-*
an. *nera mor-*
borum co-
Also auch von Mercurio / der *gnoscende*
selbig nimbt ansich / das so dem: *sunt.*
saltz vnnd dem sulphur absagt /
als ďañ sind ďie moꝛbi ligamento
rum/arteriarum / iuncturarum/
articuloꝛů/vñ ďergleychē/darumm
in ďen selbigen kranckheitenn al=
lein zů bedenckenn ist / daß der
      L iiij   liquoꝛ

Operatio-
nes Mercu-
ry.

liquor Mercurij genommen werdē
be. Alſo ſöllen durch die ding die
genannten egritudines genom‌men werdenn/ſo einem jetlichenn
zůſtehet / vnnd ein jetlichs wie es
in jhme ſelbs zů erkennenn iſt De
ſpecialitate rerum in natura an‌gezeigt wirdt/ In philoſophia de
re et natura/vnnd hie lenge halb
vermitten.

Das viert Capitel.

Tria omniũ
genera mor
borum.

ALſo ſoll auch der medicus ver‌ſtehen drey genera omnium
morborum: Ein genus ex ſa‌le: Eins ex ſulphure: Eins ex
Mercurio. Ex ſale in der geſtalt/
ein jetlicher morbus laxus wirdt
ex ſale regiert : als fluxus ven‌tris/dyſenteria/diarrhöa/lientel‌ria/etc. Vnnd iſt das ſaltz/das an
ſeiner ſtadt ligt/dañ es kombt ein
jetliche egeſtion auß dem ſaltz/ge‌ſundt vnnd kranck : Eins iſt ſal
natu-

Ex ſale.

natur:Eins ist sal corruptum et
resolutum. Auff das volget/daß
sein cura herwiderumb durch sa-
lia beschehen müß / also das saltz
herwiderum rectificier/vnd schei-
de das resoluiert saltz von dem
gantzen.

Denmach volget cura sulphu- *Ex sulphu-*
rea/als ein confirmation der ope *re cura su-*
rierung im saltz/dann sye deß ge- *sequitur*
waltig ist / vnnd ist sulphur spe- *salis.*
ciatum ex vi Archei. Nun ex (der *Ex Mercu-*
curio kommend alle die kranckhei *rio.*
ten/so in arterys ligend/ligamen
tē/articulis/ossibus/neruis / etc.
Dañ in and ende deß leybs predo-
minirt substantia mercury corpo-
ralis nicht/ allein in den eüsseren
glidern. Der sulphur ledirt mem- *Ex sulpha-*
bra interiora/nämlich/cor/epar/ *re.*
cerebrum/renes/etc. vnnd deren
kranckheyt sollen sulphurisch ge-
heissen werdenn / dann in jhnen
ligt substantia sulphurea/derenn
ein exempel/ vnnd das von coli-

ca/da ist das saltz ein vrsach / von
wegen der eingeweyd/in dem das
saltz predominirt/vnnd macht vil
genera colice : Nemlich eins so
es sich resoluiert:Eins so es zů vil
indurirt wirdt.Also / so es kompt
über sein temperament/der feüch
te zů oder tröckne:darumb in cu=
Colica cu- ra colice durch salia elementata/
ra. das saltz humanum sol rectificirt
werden/vnnd so ein ander stuck/
als vom sulphur gebraucht wirt/
so achtens für cura morborum
colice.   Also auch dermassen inn
morbis mercurialibus et sulphu=
reis/sein res behalten soll werdē/
Non contra vnnd nicht contrarium per con=
rium per trarium/allein proprium ad suū
contrariū, innatum: Kalt überwindet das
sed perpro- heyß nicht/ noch heyß das kalt in
prium ad morbis natis / es gehet die cura
suum inna- durch das / das den morbum ge=
tum curan mehrt hatt/vnnd deeselbi
dum. gen statt.

Das

Das fünfft Capitel.

Jch theilen auch die genera *Morborum* morborum auß in vil ramos *subdiuisio* vnnd locustas / vnnd folia / *in ramos, lo* jedoch ist es die selbige cur / dann *custas &* morbus mercurialis ist ein exem= *folia.* pel / also daß der liquor mercuria= lis / dermassen auch vil ramos / lo custas vnnd folia hat; als in pu= stulis / sind alle genera sub mercu rio / dann der morbus ist mercuria lis: Etlich galli ligend sub mercu rio vulgi: Etlich pustule sub mer= curio metallino: Etlich sub mercu rio pilohebani: Etlich sub mer= curio antimonij / vhrsachet hie / daß der mercurius zů seiner lo= custen will / vñ nicht auß der ord= nung gehen. Darumb sollend die liquores mercurij erkennet werdenn / dann es ist der / der da heylet das jhenig / das sein eigenn saltz zerbrichet / vnnd auch das ander / dann inn jhme ligt vis

conso,

Liquor mer
cury quod
insit rebus
forma.

consolidatiua vnnd incarnatiua
(vt pro natura mercury) so ist er
aber manigfaltig / Inn metallen
liquor mercury / als ein metall/
In junipero / hebeno / als ein
holtz / In margazithis / thalcis/
takimia/als ein mineral/ In praß
serella / persicaria / serpentina/
gleych als ein kraut / vnd ist doch
der selbig eintz mercurius. ô sich
also manigfaltig erzeigt / rü wie
also de pustulis /also auch de vl-
ceribus suis: Etlich wöllen ir cu-
ram haben von mercurio de persi
caria: Ein teil vom mercurio de
arsenico: Etlich vom mercurio de
xylo guaiacano / darumb der me

Cognitio ar
boris rerū
& morbo-
rum neces-
saria.

dicus wissen soll arborem morbo
rum vnnd rerum / wöllicher drey
sind: Einer arbor salis/vnnd ist
zweyfach deß rebis vnnd deß ele-
ments. Also auch arbor sulphuris
vnnd mercury. Auff das wiß ein
jetlicher medicus /dz er nicht ein-
brocke zwen Beüm in ein cur/vnnd
die

die regulas behalt/morbis mercu
riatibus zů geben den mercuriū/
morbis salinis das salem/morbis
sulphureis den sulphur/ jetlicher
kranckheyt sein apropuatum/ als
sich gezimpt. Wann im grund/ so
sind nur dreyerley artzney/ vnnd
dreyerley kranckheyten/ darumb
vermitten soll werdē das lang gt
schwetz der cauillation/der geigē
Autcenne/Mesue. Jch mein auch
die anderen.

regula

*vt morbo-
rum tria ge
nera, totsidē
et medici-
na.*

Das sechst Capitel.

Nũ auff das alles/damit ein
medicus sein concept ring
vnnd leydet trag/ soll er alle
kranckheyten theilenn vnder den
nammen seiner artzney/wie ange
fangen ist mitt disen kranckheytē
vorbemelt/vnnd sag also: Er soll
nicht sprechen/das ist icteritia, es
ist vnmeisterlich/ dann ein jetle
cher baurenknecht weißt die kū/
Aber

*Omnis mor
bus à medi
co ponedus
sub nomen
sue medi-
cina.*

Aber also sol du sprechen / das ist
morbus leseoli / vnnd daß darum̃:
hierin Begreiffest du curam / pro=
prietatem / nomen / qualitatem / di
spositionem / vnnd artem / vnnd
scientiam tuam mit einem nam=
men / dann leseolus curirt icteri=
tiam / vnnd sonst nichts als allein
den morbum. Nun bist absoluiert
ab omnibus erroribus / vnnd die
cur wirdt also probiert / daß in le=
seolo die höchst diaphonia deß sal
tzes ligt / die über susum Topasiũ
colorirt vnnd figirt. Nun ist icte=
ritia auch also / das diaphinisch
saltz von der gilbi / vnd müß durch
seines gleychen hindan getribenn
werden: Also auch ansenata / vnd
das saltz das icteritiam macht / dz
ist auch ein müter Ansenone vnd
Leseoll / aber auß zweyen mütern
geboren / der animalischen vñ der
elementischen. Also ich hie in disem
Libell / daß die drey arbores wol
zů verstehen seyend: dann welcher
                                den

denn famen nicht kendt diſer Beü=
men/der iſt voller irrungen. Nun
weyter/das iſt morbus auri / vnd
ſprich nicht es iſt lepra / ich ſag
auch nicht ſeine ſpecies / vnnd iſt
güt artzneyiſch geredt/in der ge=
ſtalt/daß diſer nammen anzeigt/
was du für ein cur haſt in lepra/
das vil mehr iſt/ dann daß du ſpre
chiſt/das iſt lepra / dañ das weiß
der meßner auch. Alſo ſprich ich/
das iſt morbus tincture/ auß dem
verſtehen der erfaren/daß du inn
wiſſen haſt/was tinctura ſey/vnd
wie tictura regenerier/vñ dz alter
renaſcirē macht.Alſo auch ich ſag
dz iſt morbus vitrioli/dz weißt die
experientz/dz du ſpecies epilepſie
durch oleū vitrioli/od durch ſeine
ſpiritus curiert haſt. Sollichs vñ
anders lehren die geſchrifften hin
vñ hår. Dieweyl es mir nicht hie
in die theoric meines fürnemens
dienet/was ſchads anzeigen wie
die theoric ſoll geendet werdenn/
vnd

vnnd das ich aber sollichs nach
Theorischer art gemeldt hab / ist
die vrsach / daß die specialische art
auß den dreyen erstenn gezogenn
wirdt / vnnd die mysterin der
natur die da verschlossen sind wor
den durch die alten authores / auß
welchem ich billich die theoric bey=
der vrsprung probieren mag / der
elementi in seiner producierung /
vnnd der animalischen in seiner
generation / vnnd auß jhnen nem
men den grund der theoric.

Das sibende Capitel.

Incarnan=
tia sunt ex
mercurio.

VOn weyter zu theoricierenn
auß wz krafft die incarnati=
uen seyend: Allein auß mercu
rio / der heylet vulnera nicht inn
langer zeyt / als durch den mercu
rium in resina: noch schneller dañ
der mercurius in mummia / noch
schneller als der mercurius in tar
taro / dermassen auch in vlceribus
etlich

eglich vlcera cancrorum/etliche e=
stiomena vnnd herisipelen. Sol=
cher mercurialischen krefften sind Morbi an-
niuersary.
vil in elementaten vnnd inn ani=
iualibus circuitibus / die all auß
der experientz erfunden werden/
durch die/ die da verstehend inn
welchem der mercurius ligt/ inn
welchem andere ligend/ vnnd der
gleychen auch wissen/ den selbi=
ge mercuriū zübereiten. Einen in
topacinum/ einen in crocum san=
dalinum: Einen in einen spiritū/
einen jetlichen in sein exaltation/
worinn er sich freüwen soll/ vnnd
am besten ist/ jedoch so will er der=
massen herfür gezogenn sein/ wie
man seinen bedarff/ darumb wir
hie reden/ daß vis incarnatiua vñ
consolidatiua/ allein der mercu=
rius sey in dem kein sulphur noch
kein saltz sein soll / sonder in sein
lauterenn liquore gezogen vnnd
gebracht. Sollichs ist auch vom
sulphur vnnd saltz zü wissen/ daß

jhr: Dermassen mitt handlen/ vnnd
wissenn jhr exaltation / wollet
jhr anderst Medici geheissen sein/
vnnd von freyen stucken euwere
krancken gesund machen. Es solt
den Porphirium verwunderen vn
irrig machen / das saphirus soll
der mercurius sein/ vnnd der edel
Jaspis / dieweyl er es nicht sehe/
vnd in die hand nemme/ der doch
Bis anher keiner experientz erfa-
ren ist/ noch zulernen begert/ vnd
billet obch kälber an.

Das acht Capitel.

Dermassen / warumb ist der
zinziber diaphinisch/ vhrsa-
chet das saltz / auß welchem
corpus er gemachet ist/ vnnd ist
die selbig krafft das ignis / durch
welches ebullieren die generatio-
nes (ut in philosophia) vnd durch
sein sieden deopilirt es/ vnnd ma-
chet

chet die humores sulphuris/ salis
vnnd mercurÿ/in den anderenn/
dritten vnnd viertenn grad der e=
bulicz. Vnnd nach dem vnnd es
ist auß der igneitet deß salz/dem=
nach zündt es denn gradum an/
durch welchen grad die humidita
tes destillieren per poros vnnd
guttas herauß an tag. Also auch
die mundificatiuischenn allein
auß krafft deß salzes mundificie=
ren/als mel/vnd andere/darauß
auch volget/. daß in melle dz salz
Balsami ligt/dz nicht faulen lest/
also auch im Balsamo/welches dz
edlist salz ist/auß der natur pro=
duciert.   Von virtute attra=   *Attracti=*
ctiua zů reden/das ist die sulphu=   *ua virtus,*
risch abzt/als in gummis/die zie=   *wwas arht.*
hen auß krafft ihr sulphureitet/
dann mastix ist sulphur also pro=
ductum.Also auch oppopanacum
galbanum/vnnd andere/vnd ist
nicht zů halten der spruch etlicher
die da sagen/calidum est attrahe

            F   ü   here/

lere: Sond alſo ſprechen/ ſulphu⸗
ris eſt artrahere/ vnnd das iſt
war/ dann heiß ding/ zeucht al⸗
lein da es iſt/daß iſt/da es brennt/
vnnd hat die vrſach: Was da bren⸗
net/ das iſt der ſulphur/ das iſt
nicht fix/ darumb fleücht er/als'
daũ die gummi ziehend/ layatiſſ
ziehend/ vnnd dergleychen/ von
den enden/da ſy nicht gleych ſind
den magneten. Warumb aber die
ſalia ziehen/macht/ daß das ſaltz
den ſulphur imprimiert iſt/ vnnd
durch den ſpiritum ſulphuris coa
guliert/darumb zeücht es weyter
dann es ligt.

ₔ percuſſi-
ua ſind alle
ſulphuriſch Alſo auch die repercuſſiua ſind
ſulphuriſch/ſye ſeyend heyß oder
kalt/grün oder blauw/dann es iſt
deß repercuſſiuiſchenn ſulphuris
ahrt/daß er ad centrum gehet/vnd
treybt vor jhme hinweg was er be
greifft de mobilibus/vnd iſt nicht
als ſy ſprechen/frigidum eſt reper
cutere/die güten leüt meinenn ſye
haben

haben dē fuchs bey dē schwantz/
sō haben sye jhm gar in ars grif=
fen. Es müßt ein subtiler Alber=
tischt sein/der die regulam beschir=
men wolt/vnnd wann er schon in
dǝ Grecier Rath auch kem (latius
de his in philosophia.)

Das neündt Capitel.

Was wir de confortatiuis sol=
len wissen/lehret die explana=
tiō Archei/d also ist gleych dē
mēschē/vñ ligt in dē vier elemen=
tē/vñ ist ein Archeus/vñ ist in vier
partes gesetzt. Sag also/er ist der
groß Cosmus/der mēsch/d klein/
vnd ist einer wie der ander/auß dē
kommet die krafft confortationis.
Also was da wachßt auß dem her=
tzen Archei/daß ist cordis confor=
ratiuum:als aurū/als schmarag=
dus/als corallen vnnd ander vil.
Was auß der lebern confortirt dē
element cosmo sein lebern / also

F iij　　　für

für vnnd für. Solch ſterckend
krafft gibt der mercurius nicht/
noch der ſulphur / noch das ſaltz.
Es gibt allein cor elementorum/
vnnd kombt auß dem. In elemen=
tis iſt die ſtercke daß ſy producirt/
vnnd macht auß einem ſamen ein
Baum/vnnd iſt ein ſtercke deß ele=
ments/daß der Baum ſtehet vnnd
Bleibt/vñ richt ſich auff/alſo höw
vnnd ſtroh auch/ dz iſt ein eüſſer=
liche ſtercke/ die die augen ſehen.
Alſo iſt ein ſolche ſtercke auch inn
animalibus / darin ſy gehen /
ſtehen vnnd Bewegen: Alſo iſt ſye
auch in productis. Nun iſt noch
eine/die nicht vor den augen ligt/
vnnd iſt die ſtercke inn jhr ſelbs/
daß das jhenig geſund vnd friſch
Bleibt/darinn es iſt / vnnd iſt der
ſpiritus nature / inn der geſtalt/
daß ein jerlichs ding den ſelbigen
hatt / ſonſt verdürb es / der ſel=
big ſpiritus bleibt fix in ſeinem
corpus/vnd iſt der/der da confor=
ciert

tiert den menschen/nach dem vnd
er erkennt wirdt / Also gehet die
krafft Archei seiner glidern / inn
den minderenn cosmum / durch
das mittel der vegeta-
bilium.

F I N I S.

M. D. lyviij.